Jeunes
cartographes

Directeur de collection : Léo-James Lévesque

Gib Goodfellow

Table des matières

Les cartes géographiques

Tu peux trouver des cartes presque partout. Les cartes servent à bien des choses. Les conducteurs gardent souvent des cartes géographiques dans leur auto. Il y en a aussi qui ont des plans des rues. Dans les salles de classe, il y a souvent un globe terrestre. Le globe terrestre donne une image plus précise de notre planète. Il reproduit presque exactement la forme de la Terre.

Une carte géographique est un dessin d'un endroit vu d'en haut. Les premières cartes étaient dessinées dans le sable ou la neige. On a trouvé des cartes très anciennes sur du papier ou de la soie. Il y a des milliers d'années, les Inuits fabriquaient des cartes en bois.

Des cartes en bois faites par des Inuits. ▲

Dans Internet,
tu peux trouver des cartes.

Comment lire une carte

- Lis le titre.
- Observe les **symboles** de la carte.

Une carte présente des renseignements sous forme de symboles.
Les symboles représentent les renseignements inscrits sur une carte.
Un symbole peut être un chiffre, une lettre, une ligne, un dessin ou
une couleur. Sur la plupart des cartes, l'eau est bleue.

- Regarde ensuite la **légende**.

La légende est dans un coin de la carte. La légende contient la liste et la
signification des symboles utilisés sur la carte.

Sur cette carte, le ballon représente un terrain de basketball.

L'orientation

- Cherche une **rose des vents** sur la carte.

Une rose des vents indique la direction des **points cardinaux**. Les quatre points cardinaux sont le nord, le sud, l'est et l'ouest. Le nord se trouve généralement au haut de la carte.

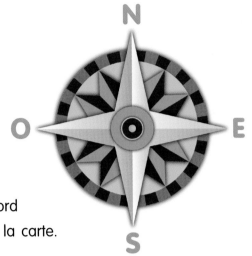

Une rose des vents.

Trouve le nord
À midi, mets-toi debout, dos au soleil. La tête de ton ombre indique le nord.

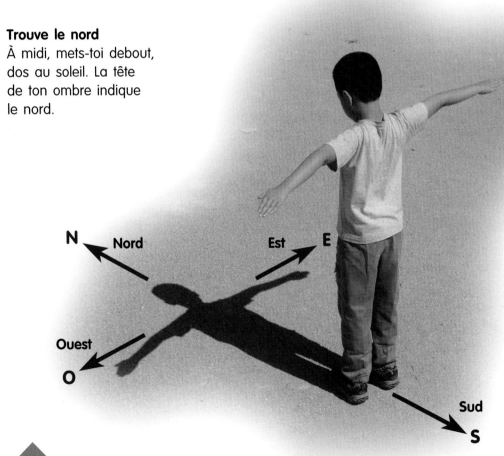

L'échelle

- Cherche l'**échelle** de la carte.

L'échelle de la carte indique la distance réelle sur le terrain. Une échelle peut être numérique ou graphique.

Une échelle numérique est une série de nombres comme 1:100. Le premier nombre de l'échelle est la distance sur la carte. Le second nombre est la distance réelle sur le terrain. Ainsi, en centimètres, 1:100 signifie que 1 cm sur la carte égale 100 cm sur le terrain.

Une échelle graphique est une ligne divisée comme une règle.

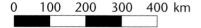

Une échelle graphique.

Une échelle graphique pour trouver la distance

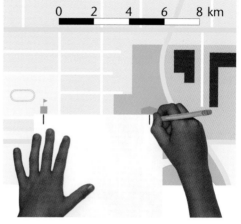

1. **Aligne le bord d'une feuille de papier sur les deux endroits.**
2. **Fais une marque sur le papier vis-à-vis de chaque endroit.**

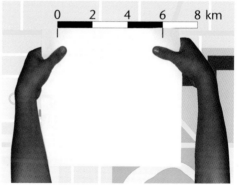

3. **Aligne les deux marques sur l'échelle graphique. Sur cette carte, 1 cm égale 2 km. Alors, la distance entre les 2 endroits est de 6 km.**

Les plans

Comme les cartes, les plans sont des dessins vus d'en haut. Les plans montrent les parties d'un édifice. D'abord, des **arpenteurs-géomètres** mesurent le terrain. Ils notent où se trouvent les arbres, les cours d'eau, les collines ou les parties basses. Ensuite, ils dessinent un plan du terrain.

Les constructeurs utilisent un plan de bâtiment. Un ou une **architecte** dessine un plan qui montre l'emplacement, la forme et la taille des pièces.

Il y a des symboles sur les plans.

- Regarde ce plan.
- Trouve les symboles des fenêtres, des escaliers et des portes.

Les arpenteurs-géomètres recueillent de l'information sur le terrain.

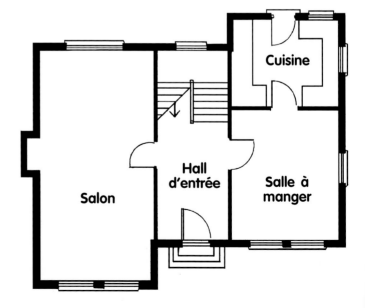

Cuisine

Hall d'entrée

Salon

Salle à manger

Ce plan d'architecte représente un étage d'une maison.

Une fois le bâtiment construit, un ou une **architecte paysagiste** dessine un plan. Ce plan montre l'emplacement des sentiers, des arbustes et des clôtures.

Le plan d'aménagement paysager de cette maison.

Les cartes de quartier

Les plans des rues

Tu veux expliquer à un ami comment aller chez toi. Dessine un plan des rues pour lui montrer la **route** à suivre.

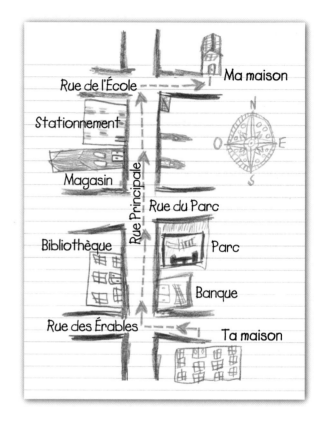

- Dessine un symbole pour montrer la maison de ton ami.
- Dessine les rues pour aller jusque chez toi.
- Dessine un autre symbole qui représente ta maison.
- Écris ton adresse sur ce symbole.
- Assure-toi que les rues relient les deux maisons.
- Inscris le nom des rues.
- Dessine une rose des vents pour indiquer le nord.
- Trace une ligne pointillée avec des flèches. Cette ligne indiquera à ton ami la meilleure route à suivre.

De nombreux conducteurs consultent des cartes de quartier pour trouver leur chemin en ville. Une **grille cartographique** aide à trouver un endroit sur ces cartes. La grille est divisée en carrés. Les carrés sont numérotés en haut ou en bas de la carte. Chaque carré a aussi une lettre sur les côtés de la carte. On nomme donc chaque carré par un chiffre et une lettre.

L'index est la liste alphabétique des rues illustrées sur la carte. Chaque nom de rue est suivi d'un numéro de page et d'une référence à la grille.

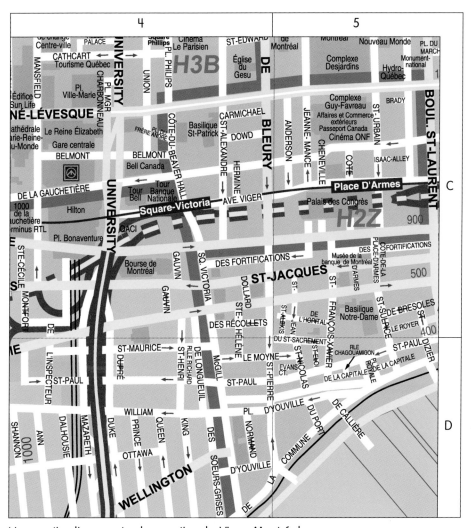

Une partie d'une carte de quartier du Vieux-Montréal.
La référence de la rue St-Jacques est C-5.

Les cartes topographiques

Si tu voyages à l'extérieur de la ville, tu auras peut-être besoin d'une **carte topographique**. Une telle carte montre les collines, les vallées, les rivières, les lacs, les forêts et les marécages. Les **courbes de niveau** indiquent les sommets et les creux du terrain. Certains logiciels font des cartes topographiques avec des photos. Ces photos viennent de **satellites** en orbite dans l'espace.

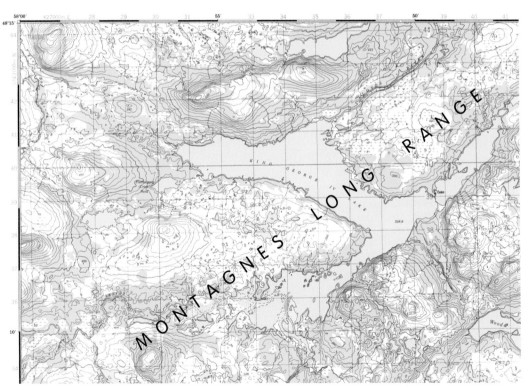

Une partie de la carte topographique de Terre-Neuve. Une photo prise par satellite a servi à créer cette carte.

Les randonneurs ont besoin de cartes topographiques. D'abord, ils utilisent une boussole pour trouver le nord. Ensuite, ils choisissent la direction à prendre. La carte les aide à choisir le meilleur chemin. Si les courbes de niveau sont rapprochées, les randonneurs savent que la pente est raide. S'il y a peu de courbes, le terrain est plat. La carte indique également les rivières, les lacs, les forêts et les marécages.

De nombreux randonneurs consultent des cartes topographiques pour choisir une route sécuritaire.

Les cartes routières

En voyage, les cartes routières servent à trouver la meilleure route.

Il existe des cartes routières pour chaque province et chaque territoire du Canada. Les cartes routières montrent les villes et les villages. Elles indiquent les lacs et les rivières, les parcs et les terrains de camping. La légende explique les symboles de la carte.

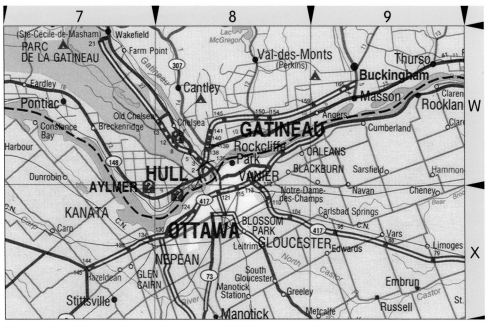

Une partie de la carte routière du Québec et de l'Ontario.

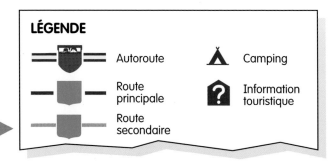

Une partie de la légende de la carte routière. ▶

Les cartes routières ont des grilles cartographiques pour t'aider à trouver les endroits que tu cherches. Les villes et les villages sont classés par ordre alphabétique dans l'index.

Comment trouver une ville

- Cherche le nom de la ville dans l'index.
- Note la lettre et le chiffre à côté du nom.
- Trouve cette lettre sur un des côtés de la carte.
- Trouve ce chiffre dans le haut ou le bas de la carte.

Le nom de la ville que tu cherches est dans le carré où la lettre et le chiffre se rencontrent.

Les cartes hydrographiques

Les marins et les pêcheurs utilisent des cartes hydrographiques pour trouver les étendues d'eau, comme les lacs et les rivières.

L'index de la carte de la page 14.

Les routes

Une carte routière te renseigne sur les routes. Regarde la légende.

- L'épaisseur d'une ligne indique la largeur d'une route.
- La couleur indique si la route est en terre, en gravier ou en asphalte.
- Une ligne brisée signifie que la route est en construction ou en réparation.

La distance

Pour connaître la distance à l'aide d'une carte routière, utilise l'échelle graphique ou numérique. La plupart des cartes routières indiquent la distance entre les villes.

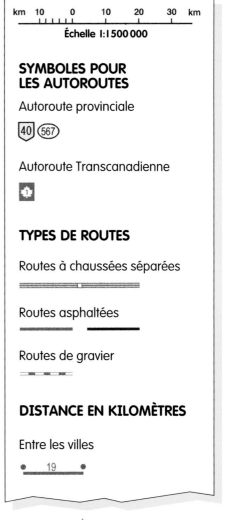

▲ Une partie de la légende de la carte routière.

◄ Une carte routière de la région de Calgary, en Alberta.

Des cartes du Canada

Aux pages 18 et 19, tu verras une carte du Canada. Elle montre les 10 provinces et les 3 territoires canadiens. Une ligne appelée **frontière** sépare chaque province et chaque territoire. Sur une carte, une ligne pleine ou pointillée indique les frontières.

La **capitale** est la ville où les membres du gouvernement se rencontrent. La capitale du Canada est Ottawa, en Ontario. Chaque province et chaque territoire a sa propre capitale. Souvent, les capitales sont marquées d'une étoile sur les cartes géographiques.

L'édifice du Parlement, à Ottawa.

Les territoires

Le Territoire du Yukon, les Territoires du Nord-Ouest et le Nunavut sont les trois territoires du Canada. Ils constituent une vaste région beaucoup moins habitée que le reste du pays.

Le Nunavut est le territoire le plus récent. Il a été créé en avril 1999.

Iqaluit, la capitale du Nunavut.

Les provinces et les territoires du Canada

OCÉAN ARCTIQUE

TERRITOIRE DU YUKON
Whitehorse ★

TERRITOIRES DU NORD-OUEST
Yellowknife ★

NUNA

COLOMBIE-BRITANNIQUE

ALBERTA

OCÉAN PACIFIQUE

MANITO

Edmonton ★

SASKATCHEWAN

Victoria ★

Regina ★

Winnipeg ★

GRA

Légende

⚙ Capitale nationale du Canada

★ Capitale de la province ou du territoire

OCÉAN ATLANTIQUE

Iqaluit ★

BAIE HUDSON

TERRE-NEUVE-ET-LABRADOR

QUÉBEC

Saint John's ★

ÎLE-DU-PRINCE-ÉDOUARD

ONTARIO

Québec ★

Charlottetown

Halifax

NOUVELLE-ÉCOSSE

Ottawa ⚙

Frédéricton

Toronto ★

NOUVEAU-BRUNSWICK

Les régions

Sur un globe terrestre, tu verras mieux le Canada que sur une carte. Cependant, un atlas donne souvent plus d'information. Un atlas est un livre contenant des cartes géographiques. Il présente des cartes de nombreux endroits du monde. Il peut aussi avoir différents types de cartes pour un même endroit.

Dans un atlas, tu peux trouver une carte montrant les régions. Une **région** est un territoire qui a ses propres caractéristiques. Sur une carte de plusieurs régions, chaque région est d'une couleur différente.

Regarde la forme du Canada sur ce globe.

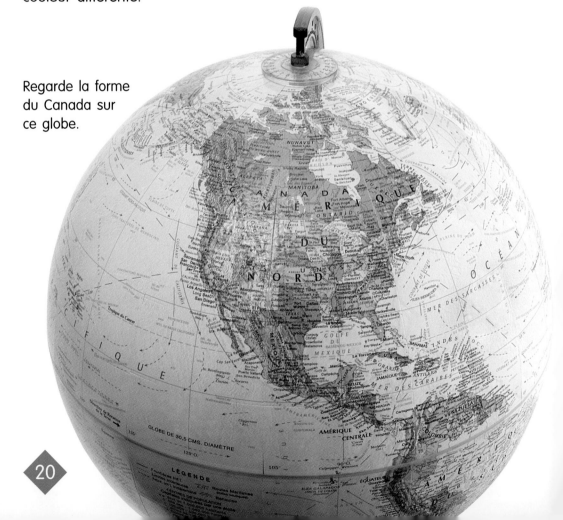

Les régions physiographiques du Canada

Les régions physiographiques sont des zones où les caractéristiques du terrain se ressemblent. Au Canada, il y a six régions physiographiques. La région des basses-terres du Saint-Laurent et des Grands Lacs est une grande bande de terre plane. Les plaines intérieures (les Prairies) sont formées de prairies plates et de quelques collines. La région des cordillères de l'Ouest possède de hautes montagnes. Dans la région des Appalaches, les montagnes sont plus âgées et plus rondes. Le Bouclier canadien a lui aussi des montagnes rondes ainsi que des milliers de lacs. Dans la région arctique, il y a des montagnes et des plaines.

Les régions physiographiques du Canada

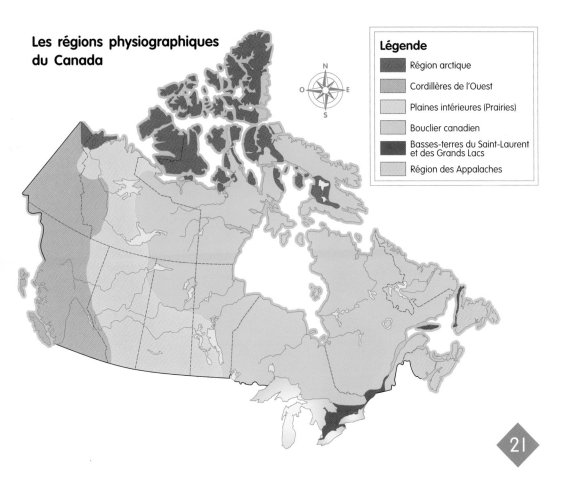

Légende
- Région arctique
- Cordillères de l'Ouest
- Plaines intérieures (Prairies)
- Bouclier canadien
- Basses-terres du Saint-Laurent et des Grands Lacs
- Région des Appalaches

Encore des cartes

Certains atlas ont des cartes de la végétation, qui indiquent
où poussent les arbres et les plantes. Certains ont des
cartes routières, qui montrent les routes et les chemins
de fer principaux.

Grâce aux cartes, tu peux apprendre énormément
de choses sur ton quartier, ton pays et le monde.

Cherches-tu de l'information? Organises-tu un voyage?
Cherches-tu un trésor? Consulte une carte!

Pense à un pays que
tu aimerais visiter.
Trouve-le sur une carte
ou un globe terrestre.

Glossaire

architecte	une personne qui fait le plan des bâtiments
architecte paysagiste	une personne qui fait un plan d'aménagement de l'extérieur des bâtiments
arpenteur-géomètre	une personne qui mesure un terrain pour trouver sa hauteur, sa taille et sa forme
capitale	une ville où les membres du gouvernement de la province, du territoire ou du pays se rencontrent
carte topographique	une carte qui montre la forme d'un terrain
courbes de niveau	des lignes qui indiquent les sommets et les creux d'un terrain
échelle	un outil qui indique les distances sur une carte
frontière	une ligne, sur une carte, qui sépare une région d'une autre
grille cartographique	des lignes horizontales et verticales sur une carte; une grille sert à trouver des endroits sur une carte
légende	une liste de symboles et leur définition
points cardinaux	les quatre directions sur une boussole : le nord, le sud, l'est et l'ouest
région	un territoire qui possède des caractéristiques semblables
rose des vents	un symbole qui montre la direction sur une carte
route	un chemin pour se déplacer d'un endroit à un autre
satellites	des appareils placés dans l'espace et qui tournent autour de la Terre
symboles	des chiffres, des lettres, des lignes, des dessins ou des couleurs sur une carte; les symboles représentent des objets réels

Index